AF448371

Fragmentaciones del silencio

Fragmentaciones
Del silencio

ana ivis cáceres de la cruz

Editorial Primigenios

1era edición, Miami, 2020

© De los textos: Ana Ivis Cáceres De La Cruz
© De la presente edición: Editorial Primigenios
© De la nota de contracubierta: Ted Tapia
© Del diseño: Eduardo René Casanova Ealo
© De la ilustración de las ilustraciones: Yolanda Felicita Rodríguez Toledo
ISBN: 9798554824135

Edita: Editorial Primigenios
Miami, Florida.
Email: editorialprimigenios@yahoo.com
https://editorialprimigenios.com

Edición y maquetación: Eduardo René Casanova Ealo

PRESENTACIÓN

Leer un texto poético es sentir el contacto más íntimo con el alma de quien lo expone a la luz. Me regalas, como la posibilidad de agua para un beduino, el placer de sentir la oscuridad profunda y radiante de resplandor de donde salen los sentimientos en palabras. Hace tiempo que no tenía encuentros así. Y érase una vez que yo andaba pleno de irrealidad y ensueño y las palabras superaban la materia de las cosas. De manera que el Sol y la Luna no eran objetos astronómicos sino emociones en símbolos. Entonces, ahora con tus versos vuelvo atrás en busca de mí mismo tomando ese ofrecimiento de complicidad, de fusión.

Y leo:

"acechan unos ojos color prohibido"

Y sé que no es el color esmeralda del mar, ni el nítido azabache de las confrontaciones, ni el rojo maldito de los furiosos. Es el color del ojo ciego que no se nombra, invisible e inefable.

"Soy lo que ves.

*La libélula en la lámpara de noche, la
brisa que mueve el sonajero, el asesino, el
ladrón,
el que traiciona
la muchacha del tatuaje en la espalda".*

Conozco esa presencia. Siempre ha venido a tientas en las largas noches. Está en las esperas infinitas, en los suburbios y también en los terraplenes pardos. Y está en las superficies quebradas y en la tremolina del viento.

*"Organizo los cajones,
aspiro la basura que puse
debajo del tapete
y aún así...
Sola".*

Dicho. Sin hojarasca, sin dilaciones, sin el detalle superfluo. Dicho rápido y sin explicar cómo si solo hubiera tiempo para cerrar la puerta.

*"con el dedo anular hice un amuleto,
y lo paso por el vientre para no morir,
vacío y seco como la maceta
que regaba mi madre en las mañanas.
Deseo el mal. Me arrepiento.*

Cae la fusta en el tatuaje cuando amanece"

Pienso en el duelo del desdén. En los dolidos, en la infertilidad de la razón, en el eco del vacío. Y también me duele.

*"Todo porque no creo, en casualidad
ni resurrección, en los mandamientos
que estrujas a diario"*

No hay resurrección. Y no creerla es ya el Apocalipsis de los seres irremediablemente perdidos.

*"Niega los retoños, la existencia que esconde en
el vientre y la ceguera de Borges, la ceniza; de
una lágrima verde sin reproches."*

El Alma se hizo visible en los ojos de Borges y en tus palpitaciones.

*"Esta islas se fragmenta y flota,
se esparce en pedazos por los océanos
cambia de nombre. "*

Si, así. La isla en peso de Virgilio. La desdicha de estar rodeada de agua por todas partes.

*"En este terruño no existen políticos,
relojes ni promesas."*

Me lo has recordado. Como los portales de San Isidro. Viento y arena. Qué tierra sin nombre ni definición. Qué de ánforas rotas y ruidos que no cesan. Y roto el molino y el arrecife que mata el mar continuamente con sus cuchillos y ondas agudas. Y ahora ya es tarde y mañana también es tarde.

Gracias. Te quiero.

Ted Tapia
On Tue, May 26, 2020, 10:15 PM
tapiapolanco@hotmail.com:

Soy un alma desnuda en estos versos,
Alma desnuda, que angustiada y sola,
Va dejando sus pétalos dispersos.
Alma que puede ser una amapola,
Que puede ser un lirio, una violeta,
Un peñasco, una selva y una ola...

...Toca con las manos
La tierra mojada;
Alimenta el cuerpo
Con raíz amarga;
Bebe de las rocas;
Renueva tejidos
Con salitre y agua...

ALFONSINA STORNI

Intuición

Desafío a la intuición:
Jamás ha fallado.
Decido saltar,
y suspendido veo cada intento.

El aire en el rostro me recuerda
que las manecillas no respetan semáforos,
menos a mí.
No le preocupa que me falte el valor de sonreír,
de aceptar la imperfección y la mediocridad.

Mientras caigo
decido
dejar de estar inerte.

Día siguiente

La vida, colección de puertas
que se abren en días alternos.

Cuando suene el portazo,
a dónde irá el tiempo
del día siguiente.

Transcurrirá la vida,
su hálito de espera
sin tiempo de escoger
un epitafio.

Tiempo

Aprendo a hablar,
con la maleta lista;
grito poemas que no logro escribir.

Amanece,
y vibro en una sucesión
que llaman tiempo.

Insomnio

La luz me abandonó
cuando tomé el café
amargo.

Inconexiones

Alisto una maleta de frases
para zafar el nudo
y cada mañana se despide
sin sabor
ni el aroma del otoño que lo enreda.

Nula la posibilidad de ser números pares.
Noviembre me brinda su hombro
pero tensa la cuerda hasta la asfixia,
el rostro encuentra la respuesta
y en la pared más oculta
el nudo, tira
lo que pudo ser,
tira, hasta provocar náuseas;
en el coma inducido...
Cierro la puerta.

Vicio

Debo dejarlo;
la energía muere y no aporta,
al amanecer aprieta el pecho con ambas manos
para doblegarme.

Sobre la cama intenta alcanzarme.

Ignoro
el agua en la boca,
la arritmia;
doy la espalda al humo
que lo inunda todo.

Ventana

Tengo una ventana desnuda

para que veas

como cambio de nombre.

Guardo el olor de tu espalda

para no dormir sola,

un libro de cuentos sin raíces

y un sueño.

El sueño de quedarme...

Sin argumentos,

sin versos,

sin aire por reír a carcajadas

y la certeza salta en el bolsillo

para robarte un beso de café.

Grafiti

Una frase borrosa en el muro,
hubo alguien hurgando
 las entrañas del tiempo.

Tanto ardor,
el grafiti
cubre las paredes
y tu silueta.

Reloj de arena

Lejos, cerca,

vuelvo a tu sombra.

Duermo como reloj de arena

en tu costado.

En la barrera que te fija a otra historia

entre escombros.

Pinto el mural

de los años con prisa,

el temblor que te revive.

Antes que el sol descanse

te invito a amar de nuevo

cerca

       lejos

              de rodillas.

Hilo de sangre

El presente me sacude
para que desaprenda el juego.
Entre páginas que leo
como la vez primera
acechan unos ojos color prohibido.
Ignoro la ausencia, la pérdida
                    el fetiche.
El escritor pone una cinta amarilla
pero estoy en la página del centro.
Hilo de sangre en su navaja.

Negación

Las orejas definen el camino,

la noche se amilana,

le teme a los ojos que niegan cerrarse

ante tanta injusticia,

a la subida de precio

de los sueños y especias.

Se pasea en una barcaza con un libro

que relee, imagina;

el escritor es su amigo,

su amante,

escribe poemas que no le dedica

sólo por guardar distancia.

Una pared se derrumba con chasquear los dedos,

una señal de sangre o de tierra.

La noche teme

que una rodaja de pepino borre las huellas,

que el escritor la invite...

a pasar,

que pase la página

sin llegar al fin.

Espejo

Madre decía;
si todos dan la espalda
no es casualidad.
La casualidad no existe,
ni la muerte.
Ha roto conmigo el universo.
Me ha dicho:
Eres como yo,
o no existes
sigo siendo el fantasma.
La vida tatuó en mi espalda
la fecha de hoy.
Apareceré revoloteando en la ventana,
haré sonar el sonajero
pero no seré lo que esperan.
Perdí una parte por no creer
la otra por no ser su imagen.
Y así... Me fui quedando solo.
Soy lo que esculpió el abuelo
con engrasadas manos,

resto de las cuartillas que escribí.

Arranqué retazos de mi piel

para dejar mensajes en la mesa de noche,

despedidas.

Una huella de sangre el camino.

Hoy, con labios azules grito:

¡Soy lo que ves!

La libélula en la lámpara de noche,

la brisa que mueve el sonajero,

el asesino, el ladrón, el que traiciona

la muchacha del tatuaje en la espalda.

Mi cuerpo

Mi cuerpo encaja en cada ruta
de la estructura que armas a pedazos.
Complementa la sombra cuando vuelvo
sin miedos sobre el abismo.
Somos los de ayer con pliegues en la frente
y en los pensamientos.
Con los bolsillos rotos de verdades,
virados al revés con transparente fondo
para que no se escape la cordura;
la poca cordura que nos queda,
después de veinte años.

Reloj

Fui patrón, medicina.

Un hada sin varita,

una escalera.

Proveedor del futuro.

Un número pequeño

para el pie que creció sin avisar.

Fui libro sin palmada,

beso sin reproche,

bolsa de canguro.

Un alto en el camino,

ilusión que no pasa de moda,

aquel Crotón incapaz de ser silvestre,

escafandra.

Demasiados dientes para una boca.

Una cuartilla en blanco.

Recepcionista

Rostro que no volveré a ver,

voz que coloniza.

Detrás de un mostrador puede anidar el verbo.

Sale el sol —para todos—

a pesar de propinas

y la empinada curva de la nariz.

Insomne

La noche es una mueca,

un dejarse llevar que se resiste,

palabra que no escribe

quien no viste la cama.

Las horas cuelgan de mis ojos.

Una sombra rodea la mirada.

Amanece...

Un día menos.

Nacimiento

En la manga del destino
creo. Descreo.
Mi equipaje cerebral es grande y liviano.
Más de una imagen al espejo.
El árbol es un puzle,
una queja, un golpe, un grito...
Acabo de nacer.
Ni las mesas llenas ni barrigas vacías
son razón del regreso, la prisa.
Cada bocanada es la burbuja,
el ascenso es oxígeno,
recarga y la posibilidad de ir a lo profundo
donde el castillo y la simulación
fortalecen las agallas,
explican el silencio de los peces.

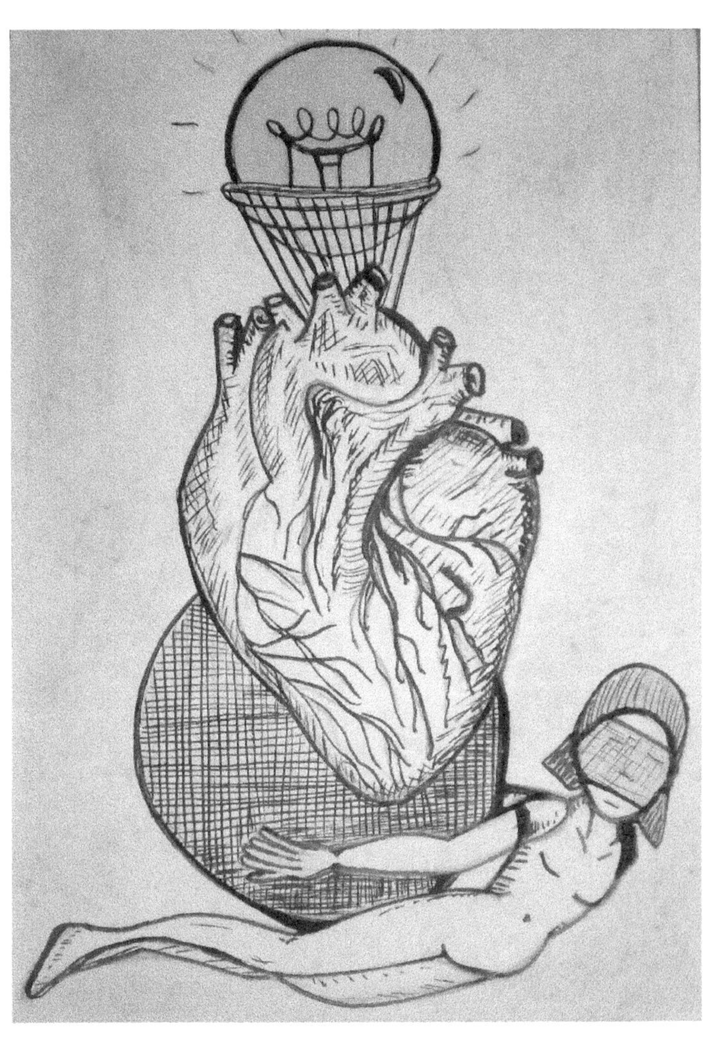

I

¿Dónde pongo la coma que no hiera?

El verbo que asesina malos pensamientos,

la luz para quien sufre sin saber

que la cura lo habita.

La consciencia se estremece.

Tengo un closet de juicios que vacío a diario.

Alerta a las palabras porque crean el destino.

El presente de este segundo,

ya es pasado.

Y el futuro es ahora,

va delante de la pluma en infantil carrera.

Sólo quiero reinventarme,

convertir en oxígeno al humo...

y vivir.

II

Como si no importara la cordura,
le cortaron las alas.

III

Ya no sé qué es peor:
El snob sin chaqueta,
la bufanda sin frío.
No sé quién roba los meses
le robaron abril
como al planeta.

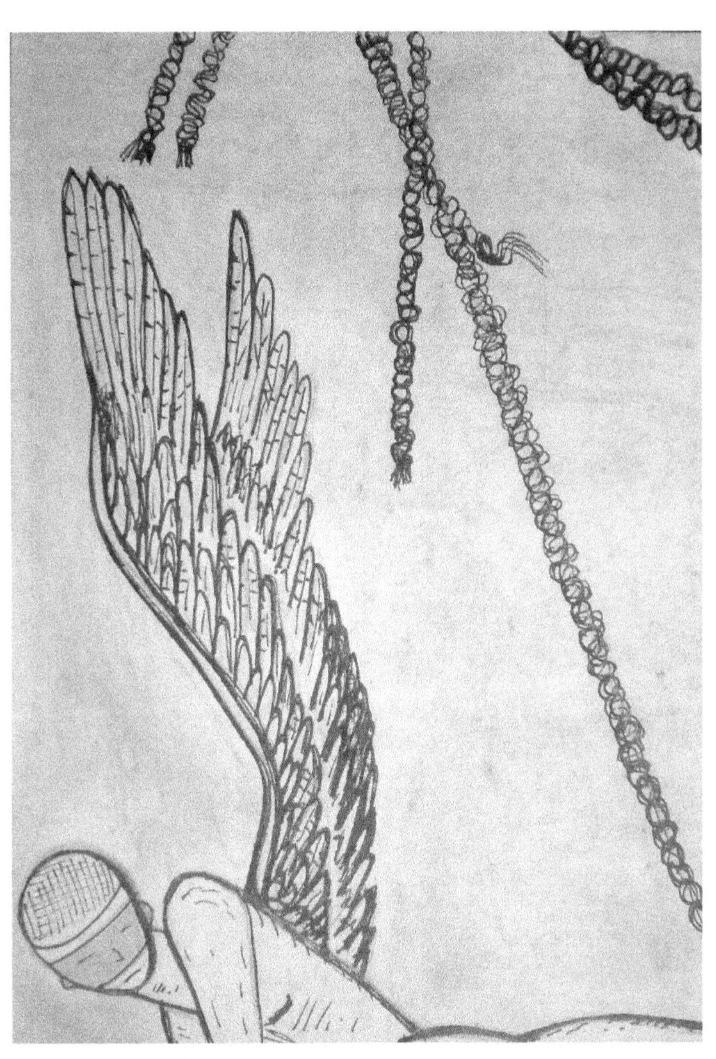

Contradicción

Organizo los cajones,
aspiro la basura que puse debajo del tapete
y aún así...
Sola.

Hilo de humo

A veces me descubro sin respirar

con ardor que pasea cavidades.

Una siesta resulta tan difícil como la conexión.

Recorro estados en una caravana

y paseo por el mismo poema.

¿Los añicos?

En el mismo lugar donde nací,

debajo del sofá que esconde el mapa.

No escucho las noticias ni abro la ventana.

Cuelga un hilo de humo

con una tos sin prisa

capaz de traducir cada palabra.

Soy como tú pero sufro

Soy como tú pero sufro, sé engañar, fingir;

enjugarme una lágrima.

Sé romperme,

puedo ser como un lápiz

y jugar sin hacer trampas,

y contar los billetes.

Sé mentirle a mi hijo al hablar de su padre,

desdibujar su imagen con un solo latido.

Aprendí a nombrar las cosas por su nombre:

Vino

Pan

Mierda

MIEDO.

Colgar del techo un sonajero

para invocar el aire,

quebrarme las costillas para no respirar.

Puedo todo, hasta no hablarte,

vomitar en un lienzo

y escribir: NÁUSEA

puedo cortarme el pelo,

ponerme tacones.

Y hasta nunca más.

Cuando te conocí

Cuando te conocí el mundo se caía a pedazos,
los muertos eran números rojos.

Allí estabas hacía tiempo con tu camisa rosa
como signo de interrogación.

En el sonido de tu voz se extinguió la fiebre,
olvidé la distancia.

A este lado del océano...
Amanecía.

Soy un buitre que no puede volar

Corto del ombligo un lirio que crecía sin control.

Arde la cicatriz más que la herida.

Con mi lengua hice una bufanda

y con el dedo anular un amuleto,

lo paso por el vientre para no morir,

vacío y seco como la maceta

que regaba mi madre en las mañanas.

Deseo el mal. Me arrepiento.

Cae la fusta en el tatuaje cuando amanece.

Credo indeleble

Se presenta, provoca
muero en cada desvelo,
mira por encima del escudo
donde escondo lo carnal.
Niego el rostro, la voz
ahora imperceptible,
nieve las palabras,
y la lengua hace cortes en mi cara.
Todo porque no creo,
en casualidad ni resurrección,
en los mandamientos que estrujas a diario.
Pero pides perdón,
y dejo que resuene el universo,
que la verdad se escurra por el cuello.
Entorno el cáliz brindo por cada segundo
TERRENAL,
a pesar de los salmos,
a pesar de ti.

Sobreviviente

Quiero pensar

que detrás de esa puerta queda vida.

En las catacumbas donde escondo los huesos

grita el hedor de poetas que no existieron.

Una estatuilla

para un premio post-mortem.

El guerrillero zurce las venas del cuello

después que explota el verso

como una bofetada,

cada denuncia debajo del almendro,

con los vítores construye una escalera.

Junta las garras y los miedos.

Ayuna un poema entre dientes.

Como Pablo de Tarso,

hago tertulias en el viejo cementerio.

No le temo a los muertos,

temo a la retorcida costumbre

de hacer versos, a veces inconclusos.

La esencia es el latido que robas a destiempo.

Un día menos.

La incertidumbre bastón de mis aciertos.

Corro los párpados

y voy donde aguarda la duda,

el color azul en la ventana,

y el único signo de vida se escurre sin rubor,

sin máscara se aleja

esparce por el valle la huella bermellón,

una falta de aire, las entrañas.

"Suite para la espera"

A Lorenzo García Vega

Se presenta,

late bajo la piel como un extraño.

El ostracismo en una playa albina

regala la tierra necesaria.

Lo encuentro en *"Suite para la espera"*

y confiesa la muerte que le teme,

le teme al verso pronunciable.

La adopté un domingo antes de nacer

y sonaban campanas;

descubrí que no vivía en la *"tierra del rojo"*.

Tras el timbre abro la puerta.

Al abrir, ya no estaba en el sur,

sólo encontré pasos marcados,

y un portazo.

Redención

El bosque muere donde comienza el mundo,
muere debajo de un serrote.
El humo no es el cigarrillo de Cortázar
ni es cazador que incendia los pulmones
para servir la mesa de un zarpazo.
¿Dónde guardo las ramas
que crecen en el pecho?
Nace la piel de bosque en la hojarasca
que acompaña al difunto.
Niega los retoños,
la existencia que esconde en el vientre
y la ceguera de Borges,
la ceniza;
de una lágrima verde
sin reproches.

Fragmentos

Auguro un futuro sin buitres
ni carne putrefacta,
sin tarjetas, sin flores de papel.
Esta isla se fragmenta y flota,
se esparce en pedazos por los océanos,
cambia de nombre.
En la porción que floto no hay timón,
ni brújula, ni puntos cardinales.
No quiero norte o sur.
En este terruño no existen políticos,
relojes ni promesas.
Duermo de día y trabajo en las noches.
El tempo es mi cuerpo poseído
sin bandera ni escudo.
Planto este minúsculo país
donde acaba el horizonte
Y de cero parto a desandar los pasos
para no repetirlos,
para que la poesía no sea consigna.

Fragmentos II

De tanto caminar sobre cristales rotos

mis pies estallan también como cristales.

La remota posibilidad de crear,

de creer en los hombres,

como en el sistema de la física cuántica.

Los ojos alumbran como linterna,

más allá de la nariz se empina la luz

en la que nos convertimos.

Incendiaron la ciudad para cegarnos,

el futuro es un vicio que se extingue,

y la Patria es un bache que nos traga.

No hay cuerda para salir,

la escalera alimentó la fogata,

y con ese humo la señal

para escapar de este vientre con babas

para reencontrarnos

o simplemente existir.

Fragmentos III

Esta isla es un dibujo inconcluso,
un guiño a la lógica,
una mueca.
Una marcha de fiebres,
los cuerpos van hacia el sol,
rendidos ante la certeza que ni hoy
ni mañana ha de suceder.

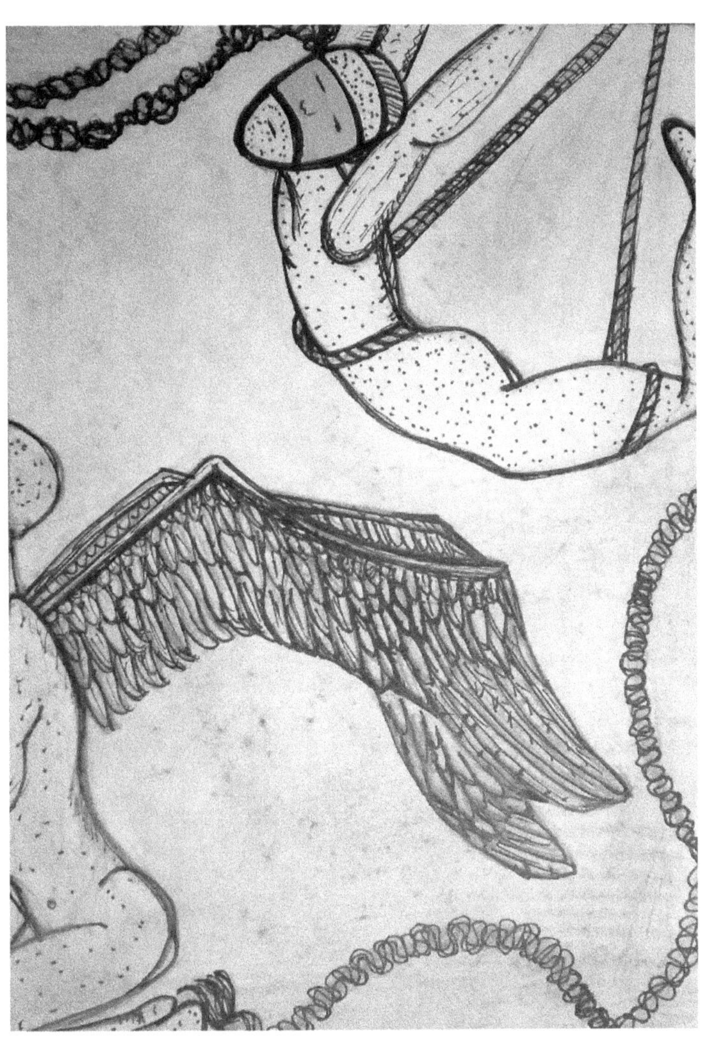

De la autora

Ana Ivis Cáceres De La Cruz, Sancti Spíritus, Cuba, 1972. Escritora, miembro de la Asociación Hermanos Saíz. Licenciada en Estudios Socioculturales. En el año 2001 formó parte de La Cantata de los Cien, que contó con la participación de poetas e intelectuales cubanos; y en 2003 participó en los Juegos Florales, evento auspiciado por la Poeta matancera Carilda Oliver Labra.

Índice

Catálogo de títulos publicados por la Editorial Primigenios

1. Rabota. Narrativa de Armando Landa Vázquez
2. A veces cuando el silencio. Poesía de José Antonio Martínez Coronel
3. Puertas, boleros y cenizas. Poesía de Yuray Tolentino Hevia
4. La corte de los lobos. Narrativa de José Luis Riverón Rodríguez
5. La fiesta de la reina ortografía. Narrativa infantil de Ronel González Sánchez
6. De picha, y señor mío. Narrativa de José Luis Riverón Rodríguez.
7. Dos libros de Guerra (escrito a cuatro manos). Poesía de Félix Guerra Pulido y Félix Alexis Guerra Menéndez.
8. Fragmentaciones de la luz. Poesía de Luis Mariano Estrada (Lewis)
9. Como salir de un país. Poesía de Ricardo López
10. Las tablillas de Diógenes. Poesía de Eduardo René Casanova Ealo.
11. Los sutiles vástagos: poemas dispersos. Poesía de Milho Montenegro
12. No despierten a las mariposas. Narrativa infantil de Teresa Medina Rodríguez
13. El cocinero, el sommelier, el ladrón y su (s) amante (s). Ensayo de Frank Padrón
14. Los independientes de color. Poesía de Armando Landa Vázquez
15. Los cuentos más tontos del mundo. Narrativa de Ronel González Sánchez
16. Las hadas calzan botas. Poesía infantil ilustrada de Clara Lecuona Varela.

51. Cuando el dolor se convierte en palabra. Décimas de Elizabeth Álvarez Hernández

52. Y a todo a media luz. Narrativa de Teresa Regla Medina Rodríguez

53. Las arenas del tiempo. Décimas de José Antonio Martínez Coronel

54. Cuando me besan tus ojos. Poesía de Félix Alexis Guerra Menéndez

55. Donde el espejo no llega. Decimario de José Antonio Martínez Coronel

56. Enigmas de la otra. Poesía de Nuris Quintero Cuellar

57. La frágil memoria de la semana. Poesía de Elizabeth Álvarez Hernández

58. Hombre que escribe en banco sin parque. Poesía de Ulises Hernández Expósito.

59. Navegación Impasible. Poesía de Eduardo René Casanova Ealo

60. En el límite. Narrativa de Maritza Vega Ortiz

61. Ejercitar el criterio, crítica de narrativa. Waldo González López.

62. Más solo que la Luna. Cuentos de José Alberto Collazo Oramas.

63. El monasterio interior. Poesía de José Antonio Martínez Coronel

64. Libro de los prójimos. Poesía de Miladis Hernández Acosta.

65. Mundo invisible. Poesía para todas las edades de Ronel González Sánchez

66. La gruta del lobo. Novela de Hamlet Gómez

67. Libro negro del desencantado. Poesía de Eduardo René Casanova Ealo.

68. La virgen sumergida o cómo mataron a Charo. Novela de José Luis Riverón Rodríguez

69. Salmos por Denisse. Poesía de Yolanda Felicita Rodríguez Toledo.

70. Fiesta de rimas. Poesía ilustrada para niños de Eliane Acosta Moreira.

71. Los mapas del tiempo. Poesía de Álex Padrón

72. NoSéDónde y el País de las cosas perdidas. Literatura para jóvenes de José Luis Riverón Rodríguez.

73. Un grafiti en los ladrillos. Poesía de Hansrruel Aldana Cabrera

74. El velo de la certeza. Poesía de José Antonio Martínez Coronel

75. Nuevos cortos del Pichi. Cuentos de Rolando González Gil

76. Bestias del paraíso. Poesía de Roberto Frank Valdés.

77. El maravilloso mundo de las libélulas. Colección Eureka, ciencia y técnica de Jose M. Ramos Hernández.

78. Perversas mujeres contra el muro. Colección erótica de cuentos de Odalys Leyva Rosabal.

79. La culpa no fue de Dios. Relatos de Andrea García Molina.

80. Cosas que vienen del cielo. Cuentos. Yolanda Felicita Rodríguez Toledo.

81. La Gallina golondrina. Infantil ilustrado. Norge Sánchez

82. Adiós Rembrandt y otros relatos. Colección de cuentos. Manuel Antonio Morales Felipe.

83. Temblor de hoja rota. Poesía de Armando López Carralero

84. Piano Afinado. Poesía de Norge Sánchez

85. Curvas sobre la superficie del objeto. Poesía de Anisley Miraz Lladosa.

86. Memorias del abismo. Poesía de Miladis Hernández Acosta.
87. Aquellos ojos verdes. Novela de José Luis Riverón Rodríguez
88. Como arrullo de tórtolas. Poesía cristiana de José Luis Riverón Rodríguez
89. De poesía y poetas. Ensayo de Armando Landa Vázquez
90. Santa Fe y otros relatos teatrales. Obras de teatro de Edgar Estaco Jardón
91. Noventa minutos: Poemas y narraciones sobre fútbol. De Carlos Esquivel
92. Los imponderables reinos. Poesía de Miladis Hernández Acosta.
93. Como en un sueño la vida. Poesía de José Antonio Martínez Coronel
94. La patria es una naranja. Poesía de Félix Luis Viera
95. El ángel en la sombra. Poesía de Raudel Sosa Pérez
96. Mujeres con testículos. Narraciones de José Alberto Collazo Oramas.
97. La isla de las hormigas rojas. Poesía de Luis Mariano Estrada (Lewis)
98. Miami, mi rincón querido. Antología de Eduardo René Casanova Ealo.
99. Guijarros. Poesía de Norge Sánchez.
100. Fauna cavernícola. Ensayo de José M. Ramos Hernández
101. Tus luces sobre mí. Narrativa de Maritza Vega Ortiz
102. Ante la misma puerta. Poesía de Gilda Guimeras.
103. Emigrados de fondo. Poesía de Fernando Lobaina Quiala.
104. La veda del dinosaurio. Novela de Edgar Estaco Jardón.